장미도 월식을 아는가

이경교 시집

시인동네 시인선 114   이경교 시집

장미도 월식을 아는가

시인동네

시인의 말

　한순간, 내 안의 언어들이 컴컴한 낯빛으로 돌아가 요지부동이다. 그 순간, 침묵의 자국들이 지평선 가득 찍혀 있는 걸 본다. 내 안에서 펼쳐지는 이 일련의 연상들과 저 점들은 어디쯤에서 다시 만나고 흩어지길 반복하는 걸까. 시는 결국 정체불명의 망설임이란 생각, 망설임이 쌓는 시간의 누각이란 생각.

　망설임이란 발효를 기다리는 시간이다. 생각도 발효가 필요하다는 것! 발효는 호흡과 체온을 요구하며, 멈추지 않는 운동 속에서만 싹틀 수 있다. 내가 추구하는 시의 향방 또한 언어에 호흡과 체온, 그리고 표정과 움직임을 부여하는 일이다.

2019년 가을
이경교

차례

시인의 말

제1부

해변의 수도승 · 13

칸트는 이렇게 말했다 · 14

꽃밭은 전쟁 중이다 · 16

꽃밭은 전쟁 중이다 2 · 17

느낌표 · 18

나는 번진다—별빛 · 20

나는 번진다—안개 · 21

나는 번진다—먹구름 · 22

계단 · 23

책을 열다 · 24

마침표 · 26

물고기, 새, 여자 · 27

에비 · 28

어느 새에 대한 · 30

오래된 항아리 · 31

첫눈 편지 · 32

제2부

묻어 있다, 미소 · 35

달콤한 말 · 36

구름산 · 38

장미도 월식을 아는가 · 39

부작란도(不作蘭圖) · 40

황조가 · 42

비파나무 · 43

쉼표 · 44

붉은 편지 · 46

묵독 · 47

주름 · 48

허공은 혼자 저문다 · 50

정수리가 가렵다 · 51

다시, 오지(奧地) · 52

하늘 봉분 · 53

또, 깊다 · 54

제3부

컴컴한 봉투 · 57

화살 · 58

허공 음악 · 59

공기의 각도 · 60

악수 · 62

둠벙 · 63

동백에 관한 노트 · 64

물금이란 마을 · 66

붉은 교향곡 · 67

말줄임표 · 68

일몰, 숲 · 70

사탄 탱고 · 71

안개 무늬 · 72

눈빛들 · 73

푸른 비 · 74

제4부

꽃 점을 찍자, 별 무덤이네 · 77

숨은 골 · 78

구불구불하다 · 80

목련 여자 · 81

살아남은 자의 슬픔 · 82

떨어지다 · 84

진달래의 비밀 · 85

날카로운 말 · 86

안흥 포구 · 88

간월도 · 89

서자, 물푸레나무 · 90

가을 산은 상자일까 · 92

물뿌랭이 마을 · 93

아기가 온다 · 94

노을 진 잠 · 96

해설 주름의 시학, 허공의 철학 · 97
      오민석(문학평론가·단국대 교수)

제1부

해변의 수도승
—The monk by the sea. 1809년. 카스파 다비드 프리드리히

저기, 누가 영원을 응시하고 서 있나
희미한 허공 붙잡고 있나
검은 바다와 잿빛 하늘은 누구 그림자인가
검은색이 무거움을 밀어내어 잿빛에 이를 때, 허공의 맥박이 더욱 빨라질 때
바다는 눈이 멀어 어둡고, 허공은 아득하여 말이 없네

이 무거운 침묵은 누구의 안쪽인가
그 안쪽은 또 무슨 색인가
나는 기다리네, 텅 빈 허공이 입을 열 때까지
그림자가 제 속을 열어 보일 때까지
허공과 그림자는 어디서 만나 언제쯤 헤어지나
우중충 내 안에 적란운이 짙게 깔리네

이제 누가 무얼 응시하며 서 있나, 왜소한 내 몸뚱어리
해변에 붙잡힌 사이, 그림자는 벌써 다 지워지고

나는 지금 얼마나 서늘한가

칸트는 이렇게 말했다

칸트는 죽을 때, 이제 되었다! 고 말했다
누구였지? 이제 다 이루었다고 말했던 사내
흰 눈이 창틀에 어깨를 기댄 어느 겨울이었을까

칸트를 떠올리면 왜 흰빛이 나를 감싸는 걸까
햇살에 눈이 찔린 억새꽃 무더기만 떠오를까
허옇게 눈이 먼 억새꽃들은 제 모습을 느끼지 못한다
나는 저 맹인들이 더듬는 흰 지팡이를 따라간다
손끝마다 흰빛의 감촉이 되살아나
나는 이내 억새꽃이 된다

느끼는 순간 우리는 본다,
눈의 조리개가 억새꽃 무더기에 닿는 순간
억새꽃은 피었다 진다

느끼지 않는 한 아무것도 없다고 칸트는 말했다
내 몸이 흰빛이 될 때까지 나는 피었다 질까

\>

죽을 때, 흰 시트 위에 누워

나는 말할 것이다

설산을 느끼러 간다고, 완전한 증발만 남았다고

꽃밭은 전쟁 중이다

 꽃밭에서 내란이 일어났다 사실은 벌이 오기 전 이곳은 나비들의 영토였다 그보다 먼저 사마귀가 진을 쳤다 새들은 부리마다 초인종을 물고 있었다 내란은 그 벨소리와 함께 시작되었다 꽃가루 유탄이 어지럽게 날아다녔다 한쪽 눈이 먼 나비를 목발 짚은 사마귀가 노려보고 있었다 요란한 풍문만 들려왔다

 꽃들은 울음을 삼킨 채 조등을 밝히고 있었다 문상 행렬은 골목까지 붐볐다 여기저기 '근조'라고 써 붙인 화환이 내걸렸다 소란 중에 제 목을 꺾고 자살하는 꽃들도 있었다 서로가 서로를 감시하듯 증오의 눈빛이 골목을 밝혔다 무질서가 판을 치는 생지옥이었다 한 치 앞을 내다볼 수 없는 시국이었다

 꽃밭은 여전히 전란이 한창이다, 꽃밭은 지금도 아프다

꽃밭은 전쟁 중이다 2

꽃의 유전자는 살의이거나 복수다 꽃의 바탕색은 대개가 붉거나 노랗다 오랜 전쟁이 흰빛뿐이던 이 마을을 바꿔놓았다 아이들은 태어나면서부터 침묵하는 법을 터득했으며 소리 없이 미워하는 방법을 익혔다

말하지 마라, 오직 적들을 쏘아 보라! 붉은 완장들은 골목을 누볐으며 황달 든 아이들은 일찍 철이 들었다 조혼이 유행병처럼 번져 툭하면 새끼를 낳고, 많은 아이들이 죽어갔다

오직 증오하기 위해 눈에 불을 켰으며 서로를 죽이기 위하여 먼저 시들어갔다 꽃의 완성은 소멸이라고, 어떤 꽃들은 스스로 제 목을 꺾었다

누구도 울지 않았으며, 죽기 위해 꽃들은 또 붉어졌다

느낌표

동공은 어떻게 확장되나, 놀란 입은 왜 자꾸 벌어지나
공기가 사납게 꺾여 내 안에 회오리바람이 불 때
혓바닥은 점점 붉게 떨리고

생각도 고이면 물렁거리겠지, 물렁거리면 쏟아지겠지
가지 끝에 매달린 저 열매 좀 봐, 툭 떨어질 한순간
열매는 혀를 어디다 숨길까

낙하지점을 고누는 동안 열매는 온몸이 가려운 거야
내가 빌딩 아래 시커먼 허공을 노려볼 때
겨드랑이가 가려운 것도 마찬가지지
가렵다는 건 얼마나 익었는지 궁금하다는 뜻이지

무슨 기다림이 우리를 머뭇거리게 하는지
조바심은 왜 등을 떠미는지
결국 열매만이 그 비밀을 알고 있지

허공이 구겨지고 갑자기 선홍빛이 세상을 덮칠 때

그건 슬픈 뉴스가 시작된다는 조짐이야
저기 목을 매단 사내, 길게 빼문 헛바닥 좀 봐

저 마지막 점은 무슨 열매일까

나는 번진다
—별빛

나는 꽃핀다, 꽃불이 진달래 선홍빛 속도로 퍼진다 혀에 불이 붙는다 불타는 내장이 밖으로 번진다
  세상이 벌겋게 달아오른다

누가 누구를 떠미는지, 밖으로 내미는 건 누구의 속잎인지 나는 무엇을 빨아들이는 중인지 초록을 지나 강물의 냄새로 내가 저물 때,
  저 출렁임은 누구의 노을인지

나는 녹는다, 녹아내려 방사형으로 스민다 실개천 따라 물굽이에 몸을 섞는다 돌연한 파문이 바다에 당도할 즈음,
  내 육체는 공기 속으로 흩어진다

마침내 나는 어둠 속으로 가지를 뻗는다, 물방울 결을 따라 스민다 젖은 잎새와 검은 허공을 건너 내가 별빛에 닿을 때,
  별빛의 몸통이 한번 환하게 번진다

나는 번진다
—안개

어디서 온 번짐인가 젖은 안개는, 세상을 희뿌연 기억으로 뒤덮는 이 폭력은, 마디마디 끊겼다 이어지며 음습한 안개는 나를 어디로 끌고 가나

덩굴식물 실뿌리 뻗어가듯 안개는 흐르다 고이고 고이다가 뭉치네, 언제 읽었던 문장들일까 젖은 은유들, 행간이 가물가물 애매하게 흐려지네 무엇이 내 눈망울을 키우는지, 확장된 동공이 다물어지지 않는지

세상의 단면이 장막 뒤편으로 물러서자 은빛의 이면이 눈앞에 펼쳐지네 나는 안개의 노예, 안개의 사상에 물들어 안개의 눈빛으로 세상을 다시 여네

정말 언제 읽었던 책일까,
내 눈길을 바꾸는 저 무자비한 폭력은

나는 번지네, 번지며 생각이 바뀌네 안개의 유동을 따라 흐물흐물 시선마저 녹아내리네 녹아내려 은빛 알갱이로 여무네

나는 번진다
―먹구름

새가 깃을 들어 올리자, 깃털 일어서는 소리 파문처럼 퍼지네 햇살이 공기 속으로 스며 촘촘히 그물을 짜네, 그물 구멍 틈으로 허공의 창이 열리네 열린 창문 안에서 그림자 어른거리네

언제 방문했던 방일까, 두런두런 속삭임이 창틀을 넘어오네 어떤 대화를 나누는 중일까 햇살이 햇살과 부딪치며 빛을 덮네 무슨 소문 저토록 어둡게 번지는가, 마른번개 번쩍이네

이젠 끝났어요! 캄캄한 악몽이 몰려온다구요

창공이 몇 겹 주름으로 구겨지고 그늘 밀려오네 무슨 응어리 저토록 짙푸른가, 먹장구름이 허공 속으로 번지네 시커먼 저 소리의 번짐 아무도 막지 못하네

계단

 계단이 아래를 내려다볼 때, 계단은 갑자기 높아진다 떠나는 이의 발자국 소리가 멀어진다 저 발자국 소리는 내 것이었으나 내게서 떠나는 소리다 내게서 멀어졌으나 가까워지는 소리, 발자국 소리가 아래로 내려온다

 돌아온다는 건 내려선다는 신호일까 이제 소리의 위와 아래가 지워졌다 오장육부로 스며들어 내 안을 두드리는 발자국 소리, 소리의 파문이 계단을 미끄러진다

 발자국 소리가 멈춘다 내가 위를 향하여 발을 올리는 순간, 계단은 천천히 내려간다 소리가 아래로 향할 때, 계단은 위를 본다 내 맥박이 상승과 하강을 반복하는 동안, 발자국 소리는 위에서 아래를 본다

 지금 누가 누구를 밟고 오르는가 내가 한 발을 내리자, 계단이 황급히 올라오고 있다

책을 열다

책갈피를 더듬는 동안
손가락 끝으로 저녁이 오네
책갈피는 귓불까지 달아올라 피톨들 쿵쿵거리고
행간의 솜털들 일제히 곤두서네

침에 젖은 지문들, 스탠드 불빛이나 창틀 모서리는
눅눅한 살갗의 촉감을 기억하네, 기억은 도시처럼
낡아가고 책 그늘에 떠밀려 내 눈꺼풀도 무거워졌는지
낱장마다 어슬어슬 소름이 돋네

날이 밝으면 침묵 속으로 등을 돌리는 등대처럼
숲은 어둠 속에서 소란스러워지고

과거란 저 나뭇결이 벗겨져 종이가 되는 시간
내 안의 소용돌이나 뒤척임을 지나
활자들 모퉁이마다 입술 향기 묻어 있으니

눈을 내리깔고 활자들이 옷을 벗을 때

내 눈이 불꽃처럼 환해질 때
저기, 책이 알몸을 여네

마침표

벨이 울렸나, 아직 아무것도 끝난 게 없네
우리는 네거리 한복판에 서 있지
행인들은 행간을 바삐 지나치느라 보지 못하네
시간은 시작처럼 끝을 향해 지워지는데
모두들 시계를 들여다보고 있네
누가 누구를 부르는 걸까
호명의 긴 여운 허공 저쪽에 붉게 걸릴 때
빌딩 숲에 부딪혀 메아리 몇 줌 돌아올 때
하나의 시작처럼 끝은 자꾸만 머뭇거리고
낯빛 파리한 점 하나 떨고 있지
마지막 자리는 어디일까
저 검은 점은 누구를 위한 집인가
아무도 거역할 수 없는 강물 건너
마침내 내가 당도할 푸른 무덤 어귀
바로 그 지점에 울퉁불퉁 찍히는 질문들
딸림화음과 으뜸화음 사이로 저무는 악보처럼
누가 또 벨을 울리는가, 그쯤에서
또 하나의 문이 열리고 있네

물고기, 새, 여자*

 지금 내 앞에 서 있는 저 여자도 예쁜 물고기였는지, 목소리 고운 새였는지, 날갯죽지와 지느러미가 손톱으로 바뀌는 동안, 그녀의 손톱 속에선 초승달이 떠오르니까

 여자의 엉덩이는 지느러미를 흉내 내어 부드럽게 흔들리고 흔들릴 때마다 은빛 비늘들은 떨어지고, 여자 몸의 솜털들이 물결무늬를 본뜨는 사이, 그녀 안에선 둥근 달이 자라나는지

 감동할 때마다 그녀의 눈과 코가 먼저 젖는 건 물고기 시절 버릇인지, 설레는 건 숨겨진 날개나 부레가 부풀기 때문인지 이윽고 지상을 떠날 때 그녀는 물과 아주 작별하는 것, 푸른 허공과도 헤어지는 것

 한 마리 새가 동그랗게 몸을 접을 무렵 수컷들이 둥지로 날아드는 건, 밀물은 해안을 덮치고 저기, 수줍게 떠오르는 손톱달 때문인지

---

*장자의 구절, 북쪽 바다에 물고기가 있었으니… 변하여 새가 되었다. 북명유어(北冥有魚)…화이위조(化而爲鳥)에서 얻은 것.

에비

어느 들길이었지?
어린 날 꽃뱀과 첫눈 맞출 때
미끄러운 유혹 쪽으로 손을 내밀 때, 에비에비!
아비가 내게 새겨준 그 말, 어지러운 핏빛 언어
안타까워라, 살아 꿈틀거리는 무늬의 유혹
그때 거둬들인 내 손끝엔 꽃뱀 무늬 아직 환한데

에비에비, 내 안으로 피어오르는 어두운 언어
한 세상 뒤돌아서거나 에둘러 걸었던 길모퉁이
영롱한 무늬에 가로막혀 읽지 못한 페이지
죽음까지 뻗어 있는 그리운 그 길

에비란 말과 만난 그 순간, 꽃무늬는 시커먼
죽음의 입구가 되어 막혀버리고
나는 또 내 아이에게 에비에비,
꽃뱀의 언어
얼마나 많이 넘겨준 걸까

에비에비, 꽃망울 환하게 터지는

독 묻은 그 꽃

어느 새에 대한

 우는 새— 나는 이제 새의 눈으로 보고 그 부리로만 노래하겠다 내 안을 맴돌다 사라질 한숨, 나무들은 깊은 주름 또 한 겹 늘어나겠다 내 작은 혓바닥이 악보를 익히는 동안 내 노래는 어두운 그늘에 몸을 숨기는 애기나리 속잎에서 새어나온 것, 울지 마라 여름 여치야! 등 토닥이며 밤을 새워 속삭이겠다

 아픈 새— 새는 구름을 넘어가는지 작은 점 하나 허공 속에 묻히네 땅거미에 젖은 이끼들, 저 선태류란 이름이 끌고 온 추운 마을들, 가령 강원도 화천군 풍산리, 노동리, 파포리…… 광주사태 뒤 새는 힘없이 끌려가 덤불숲으로 들어갔네 가시덩굴에 긁히며 산비둘기 울음이 쿡쿡쿡, 목덜미를 노릴 때

 저문 새— 이제 새는 부리 끝도 무뎌졌는지 이끼는 지워지고 페인트가 칠해진 벽들, 새는 사방에 갇히고 부풀어 날지를 않네 아픈 새들은 다 어디로 갔나 새들 목울대 너머로 노을이 진다 이미 저물어 새가 아닌 새

오래된 항아리

 내 몸에 숲 냄새와 새 울음을 퍼 담는 동안, 짐승들 발자국만 따라온 건 아니다 흙의 빗살무늬가 사방으로 터지고 풀벌레들 잠잠해진 틈을 타 빗물이 내 몸을 타고 넘는다 무엇이 나를 넘치게 하나 줄줄 흐르게 하나, 별빛을 가린 도랑 물소리도 거기 섞인다

 불길이 내 몸을 덮치는 순간, 잊고 있던 흙의 상처들 화염 펜으로 기록된다 뜨거운 기록들 식을 때까지 내가 본 건 불의 알들이거나 내 몸에서 날아오르는 새떼들이다

 흙의 기억 희미해질 때, 지평선 끝엔 선홍빛 냄새 자욱이 깔린다 구름은 언제나 내 안을 가득 채우지만, 나는 이제 그릇이 아니라 허공을 담은 무덤이다

 저 무덤도 알 하나 낳고 싶은지 노을을 빨아들인다 피해 다녀도 끝까지 쫓아온 빛처럼 노을 화살이 내 몸에 꽂힌다 무엇이 나를 채우고 있는가, 내 배가 참을 수 없이 불러온다

첫눈 편지

편지를 받습니다 오랜만에 보는 손 글씨 편지, 휘갈긴 필체가 띄엄띄엄 고향마을 닮았습니다 빈 들녘을 한나절 돌아온 길일까요 난필들 한 잎 한 잎 떨어집니다

네 편지 받고 애비는 반가운 마음 한량없구나, 언제쯤 만났던 눈발일까요 어둠 속에 흩어지는 글자들, 무슨 사연 저토록 눅눅할까요 눈발도 갈피를 잡을 수 없는지 어지러이 휘날립니다 젖은 봉인을 뜯어볼까요, 낱장과 낱장 사이로 가만가만 이음새가 갈라집니다 부풀어 기억이 되거나 떨어져 소멸할 망각들, 한 움큼씩 짚어나갑니다

그럼 이만 멈춘다, 아버지가 소리 없이 지워집니다 불현듯 눈발 그치고, 봉투의 컴컴한 밀봉을 봅니다

제2부

묻어 있다, 미소

　서산 마애삼존불을 막 친견하고 돌아설 때, 등 뒤에서 웃음소리가 났다 뒤통수가 화끈거렸다 돌아보니 삼존불은 입술 곱게 다물고 있었다 웃음꼬리가 아직 입가에 묻어 있었다 숨기고 싶지만 들켜버린 입꼬리, 얇게 떨리고 있었다

　그러다가 깜짝 놀랐다 웃음꼬리가 눈매에도 묻어 있었다 눈길 피할 틈도 없이 바위에서 안개처럼 피어오르는 미소, 아직 온기가 남아 있었다 바위가 잠깐 덥혀진 뒤끝일까 발바닥이 뜨거워진 다람쥐 한 마리가 놀라 자리를 뜨고 있었다

　몸이 따스해진 내 이마에도 땀방울이 맺혔다

달콤한 말

그 말, 과육(果肉)이나 과즙(果汁)이란 말,
혀뿌리가 먼저 젖어
꽃피는 들판으로 달아나는 나비 떼, 골짜기를 건너가는
꽃가루들, 허공에 침을 꽂는 벌떼들

연애나 혁명도 하나의 단어로부터 시작된 건 아닐까

과육이나 과즙이란 단어를 떠올릴 때, 내 몸이 물컹물컹
붉은 과일로 매달리는 그 순간, 단물이 연애와 혁명까지
적셔 어지럽구나, 촉촉한 혀만 남았으니

부풀어 올라 꼭지 끝까지 붉게 물들이는 저 허공과
가지 끝에 매달린 나를 누군가 덥석 깨무는 느낌
아삭아삭 뭔가 자꾸 베어 무는 이빨들
경쾌하게 톡톡 터지는 소리들

그래, 벌판이 환해지려면 벌들이 먼저 윙윙거려야지

>

허공에서 지상까지 살과 즙으로 차오르는 탱탱한 한낮
푸른 하늘을 향해 입 꽉 다문 열매 하나

구름산

 누군가의 손짓이 허공을 그린다면 거기 산이 있다는 신호지 산은 쉬지 않고 떠오르거나 뭉쳐지지 뭉게구름은 산을 부풀게 하지 허공 한쪽으로 능선이 흘러내릴 즈음, 산은 빈 배를 띄워 구름을 젓기 시작하지 바람에 부푼 돛대 끝에서 잎새들은 더 높아지고 벼랑 아래로 뛰어내려 물방울이 되지 네가 내민 붉은 편지 위로 번지는 물방울, 햇살은 눈물 위에 잔물결을 그어놓지 허공은 어디에 칼날을 숨겨놓았나 우리가 언제 정육점을 지나왔나 꽃구름이 피로 얼룩진 도마를 떠밀 때, 단풍도 누군가 던져놓고 간 핏방울인지 모르지 내가 구름이 쌓았다가 허무는 동쪽 능선을 지날 때, 노을 너머로 조각배는 떠밀리고 너는 자꾸 서쪽으로 멀어지지 세상의 한끝이 희미해지고 그곳엔 아무도 없지 네가 지었다가 부수는 빈집들, 낯선 곳의 낯익은 한때를 구름산은 알고 있지

장미도 월식을 아는가

장미도 월식을 알고 있는지
제 몸에 불을 껐다가 다시 켠다

장미가 서둘러 불을 끄면, 마을의 문도 일제히 닫힌다
둥근 담장 길 따라 꽃잎 차례로 접힐 때
그대 문간방에도
주름 커튼이 드리워진다

슬픈 전조는 창문에 어리는 낯선 실루엣에서 시작된다
저 그림자는 분명 내 것이 아니었으나
내 몸 깊은 곳에도 달빛 숨소리 박혀 있으니,
장미가 스스로 제 몸을 가둔 것처럼
이제 내가 그대를 감금하리라
그 스밈과 번짐을 위해 한쪽 그림자는 베어내야만 하겠지

담장 길 에돌아 등불 희미하게 걸릴 때쯤 장미도 마침내
문을 여는지, 목이 잠긴 나는 컴컴해지고
창문엔 핏방울 한줌 뿌려지겠지

부작란도(不作蘭圖)*

혹 다녀가셨는지요?
꿈길이 열릴 때 슬쩍 뒷모습 본 듯도 합니다만
잠이 깊어 알지 못했습니다
문 밖에선 잎새 가늘게 흔들립니다

춘몽이었을까요
싱싱한 줄기들 칼날처럼 나를 겨눕니다
허공을 찢고 생살 돋아난 잎새들, 낙서처럼 흐릿합니다 풀
그림자 달빛 아프게 찌를 땐 내가 베이기도 합니다 새들은 낙
관을 찍듯 여기저기 발자국 박아놓고 하늘에선 소낙비가 빗
금을 치는 중입니다 줄기들은 허공에 길을 뚫다가 야금야금
지우기도 합니다 그 난장의 한 귀퉁이에서 당신 발자국을 찾
습니다
꿈길 하 어지러워 눈을 뜨면 청천벽력!
어디서 날아온 걸까요, 꽃 한 송이 환합니다

산다는 게 휘어지는 일이라면,
잎새들 청천 허공으로 하염없이 휘어지고 나 또한 산굽이

에돌아 여기까지 이르렀으나, 다시 보니 아무 종적 없습니다
당신이 아니었다는 걸 알겠습니다

---

*추사의 '부작란도'는 난을 그리지 않은 지 이십 년, 부작란화이십년(不作蘭畵二十年)이란 발문에서 유래한 명칭이다. 일명 불이선란도(不二禪蘭圖)

황조가

궁핍도 때론 아름다웠다고 뒤뚱뒤뚱, 도시의 비둘기 한 쌍
사람들 발자국 사이로 탁발을 떠난다

다리를 저는 초로의 사내와 누추한 여자가 막 지나간 자리
아내는 국경을 넘어갔다고, 남편은 공사판에서 죽었다고
짝 잃은 한 쌍이 남기고 간 발자국을 뒤쫓아

큰 수렁처럼 발자국 안에 고이는 그늘,
그걸 모이인 줄 알고
부리로 쪼아대는 비둘기 한 쌍,
지금 막 탁발을 끝낸 자리

언젠가 네가 찍어놓고 간 아담한 발자국, 그 위로 허기진
어둠이 쌓인다

비파나무

비파나무는 결림이라고, 스물 몇 해 전 남해 금산, 저 나무 아래서 쓴 적이 있네 그 결림 얼마나 향기로운지 온몸에 노란 악기 주렁주렁 매단 열매들, 가지 끝으로 번지던 얇은 선율들

나무는 내 곁을 떠나지 않고 내 몸이 악기의 울림통으로 바뀌는 사이, 소리의 즙은 얼마나 고였을까 비파나무를 따라온 스물 몇 해, 푸른 잎 다 낡아가는 동안 노래는 언제 다 마르나, 비파나무와 나는 어떤 울림으로 이어지나 내가 비파나무와 눈을 맞춘 그 순간, 내 몸에도 나이테처럼 결림이 새겨진 건 아닐까

비파나무는 자꾸만 곁가지를 치고 내 호흡을 따라 번식하는지, 희미한 한숨이나 짧은 감탄사에 얹혀 내 몸이 악기로 바뀌는 동안

쉼표

뭘 쳐다보는 눈빛인가, 들판은 다 건넜는가

잠시 한 발을 빼고 멈춰서 있다, 사내의 굽은 등

생각은 등허리에서 오는가

생각도 도랑을 건너뛰거나 곁길로 빠지는 순간이 있나

우중충 흐린 얼굴, 가지 길게 드리운 나무 한 그루

텅 빈 눈망울 사이로 느릿느릿 지나가는 구름

곱사등이처럼 고개 숙인 사내, 발이 저린 건가

마을을 뒤덮는 어스름 쪽에 얼굴을 묻고

무얼 잃어버린 걸까 등을 잔뜩 구부리고 서 있다

물론 나는 저 사내를 알고 있다

낯빛 컴컴하게 저무는 그를 본 적이 있다

붉은 편지

혁명이 끝나자, 벌들은 수염을 다듬기 시작했다 더러는 제안을 골똘히 살피기 위해 거울과 가까이 지냈다 뿔 투구와 철갑옷을 철렁거리며 벌들은 벌판으로 돌아왔다

꽃이 벌을 부른 게 아니라 처음, 꿀이 벌을 초대했다 벌은 즉시 날개를 접고 꽃 문이 열리길 기다렸다 벌이 그리워한 건 텅 빈 꽃의 눈빛이었다 선홍빛 창유리에 이마를 박고 벌은 꿀을 빨았지만 정작 귓불까지 붉어진 건 꽃이었다

꽃의 눈빛이 흐려졌다 꽃 문 앞은 이미 분주한 나비들 차지였으므로

벌이 꽃을 떠나 강을 건널 때, 흐린 눈빛이 벌을 쫓았지만 아무도 혁명을 기억하지 않았다

붉은 편지는 샛바람 편에 전달되었다 편지엔 눅눅한 물기가 묻어 있었다 한 시대가 저물고 있었다 노을이 칼날처럼 허공을 베는 저물녘이었다

묵독

 겨울 산이 책을 읽고 있다 소리가 들리지 않는다 얼어붙은 눈망울이 빈 나뭇가지를 지나간다 옹이 진 마디마다 활자들이 박혀 있다 가지에서 가지로 눈빛이 옮겨 간다 칼날처럼 나뭇가지 사이로 넘어가는 책장들, 창공이 싹둑싹둑 베어진다 베어진 틈으로 전망이 넓게 트인다

 저 개안(開眼)을 위해 무성한 잎들은 자리를 비키고 허공 저처럼 비워둔 걸까

 갈피에서 갈피로 눈빛 옮겨갈 때마다 잔가지들은 몸을 떤다 저 떨림을 기다리느라 잎눈들은 언 발을 동동 굴렀던 걸까 물관 안쪽으로 뜨거운 불 지피며 밤새도록 등불 환하게 밝혔던 걸까

주름

저 울퉁불퉁한 우주 한 모퉁이,
허공은 결을 이룬 주름살이지
물결은 그걸 본떠 굽이굽이 출렁이지
그 출렁임 위에 길 잃은 구름을 심어놓기도 하지
그때쯤 잎새 위에도 주름이 돋아나지

당신의 말은 내 귓밥 오목한 둔덕을 넘다가 넘어지지
잎맥의 문턱이 자꾸 발을 거는가,
내가 흩어진 낱말들 긁어모을 때
당신의 말은 잎새 위에서 미끄러지지

공기가 머물다 흩어질 때마다 몇 개의 빗금이 그어지고
우리는 그걸 대화라고 부르지

우리 만난 뒤 우리를 베끼는 저 흔적들, 세월을 복사하며
새겨지는 주름살들

이제 무엇이 남나, 우리가 지나간 뒤 남겨지는 발자국들

발자국 소리에 쿵쿵, 지층이 주름지고 그걸 흉내 내는
옷자락의 구김들

먼 평원 위엔 봉분 하나 또 솟아나지
쭈글쭈글한 얼굴의 아이 하나 태어나지

허공은 혼자 저문다

들녘이 먹구름 몇 장 머리에 이고 있다
허공이 비워질수록 나 홀로 무거워진다고 쓴다
새떼가 빈 들녘을 조심조심 건너간다
뭘 빠뜨린 걸까 새들 날개가 잠깐 처져 있다
돌연한 상심이 깃털을 자꾸 짓누르는가
어둠 속에 던져진 돌멩이처럼 허공은 가물거리고
이윽고 떨어질 어떤 소음을 생각해낸 걸까
내 귓바퀴가 낙하지점 쪽으로 동그랗게 열린다
들녘이 자꾸 비틀거린다고 썼다가
돌멩이가 허공을 뚫고 간다고 고쳐 쓴다
저 어둠을 가로질러 떨어진 게 돌멩이일까
아니면 어둠이 던져놓은 암호일까
제 무게에 짓눌려 허공이 캄캄해진다
나는 뭘 기다린 걸까
어둠은 무슨 우려 저토록 짙어진 걸까
새들과 함께 깨어났다 지워지는 게 들녘뿐일까
던져진 돌멩이가 아래를 돌아보듯
내 몸이 서둘러 따라 저물 때

정수리가 가렵다

꽃은 언제나 제 몸의 가장 높은 꼭대기에서 핀다

아슬한 벼랑 디디고 올라 창공과 마주하는 곳, 외로움이 멍 자국처럼 짙어져 두려움이 머리칼을 곤두서게 만드는 자리, 꽃은 그쯤에서 몸을 열어 제 안을 송두리째 비우고 훨훨, 깃털처럼 가벼워진다

불현듯 정수리가 가렵다 눈과 이마를 거슬러 올라 하필 내 몸의 가장 꼭대기에 가마가 자리 잡은 것이나 그 안쪽이 비어 있는 건 까닭이 있을 테니

우리가 풀이나 나무였을 때, 혼신의 힘으로 몸을 열어 거기 매달리던 꽃 한 송이 보이는 듯, 조용히 비어 있는 그 꼭대기 빈터, 창공으로 슬며시 숨을 뱉어내던 자리

지금 그곳으로 하늘에서 신호가 온다

다시, 오지(奧地)
―우선 이상적(李尙迪)에게

바다는, 야생의 몸 위에 작은 조각배를 띄워 흔들리는 오지를 마련하였으니 오지는 장소가 아니라 캄캄한 시간이기도 하네

보시게, 우리 마음속에도 거친 파도 일렁일 적 있으니
내가 수평선을 넘어와 홀로 흙집에 들 때, 인적 끊긴 방 안에서 세한도 그릴 때, 오지는 흘러간 채 돌아오지 않는 마음을 닮아서 그림 밖엔 적설로 길 끊기고 그림 속엔 새 한 마리 날 수 없다네 마음속 노송이나 몇 그루 세워둘 참인데 모슬포의 파도 소리와 흔들리는 조각배가 겹쳐진다네

우듬지 꺾인 저 늙은 소나무를 기억하게나 역사란 산방산 그리메거나 해변의 눈보라를 닮아서 이 몸 아직 돌아갈 수 없는 섬이라네 섬은 다만 육지의 한 조각, 시퍼런 파도의 모서리, 북쪽 바다엔 눈먼 겨울새가 날고 있다네

어느덧 1844년도 세한(歲寒)일세 먹물 찍어 선을 그으니 울컥, 기침처럼 번지는 캄캄한 오지일세

하늘 봉분

누가 나를 끌어올릴 때, 오오 나는 들림을 받는 줄 알았네

줄 끊긴 거문고 선율처럼 소리들은 사방으로 흩어지고 구름은 나를 새떼 쪽으로 떠밀었네 구조 헬기에서 내린 하늘 두레박의 단단한 줄, 나는 흘러넘치고 봉인되었으며 깃털처럼 가벼워졌네 우화(羽化)를 위하여 창공을 헤엄쳐 나가며 아 안녕, 나 살던 지상과도 작별했는데 나의 천국은 구조 헬기의 훈훈한 실내, 압축공기와 예쁜 간호사와 구급약품 상자를 지나 내 육신은 지금 어디로 들림을 받는 중일까

누가 나를 끌어올릴 때, 보았네 시체처럼 들것에 꽁꽁 묶인 내 몸, 그래서 날 수 있는 내 영혼, 단단한 봉인과 거기 붙은 지상의 우표 한 장, 꽃잎처럼 천상으로 배송된 짐 꾸러미 하나

나의 하관(下棺)은 풍습과 반대, 지상을 떠나 천상에 묻히는 것, 가뭇한 허공중의 봉분 그 작은 점이 되는 것, 그 여름 도봉산 매바위에서 낙하하여 마침내 내가 구름 위에 묻힐 때

또, 깊다

잎이 지고 있다는 소문을 들었다, 잎 그늘 텅 비어
허공엔 여기저기 검은 구멍 숭숭 뚫린다
단풍도 이제 목이 쉬어 누군가는 벌써 저녁 강을
건넜다

깊다,
창공에서 잎새까지의 높이, 거기서 지상까지의 거리
숨 가쁜 한 시절, 내가 꼬옥 쥐고 있던 가지가 흔들린다
무너져 내리는 꿈의 높이, 깊다
그대의 생에서 내 죽음에 이르는 이 거리
어느 먼 별을 지나, 나 잎새 무덤에 당도한 걸까

깊다, 저녁 강물과 메마른 황톳길과 고갯마루
한숨처럼 스쳐가는 갈바람 소리와

기어이 첫눈이 온다는 전갈이 왔다

제3부

컴컴한 봉투

언제쯤 열렸다 닫혀버린 봉투인지
장미의 눈꺼풀은 열리지 않네
몇 겹으로 접는 동안 잠도 저토록 붉어진 걸까
사연을 감싸고 있는 두툼한 봉투의 안쪽
겹겹으로 문지방이 늘어서 있네
그 속잎을 더듬어보면
지난밤 내가 잃어버린 꿈 한 조각 손끝에 걸리네

스크럼을 짠 꽃잎들, 뭔가를 가꾼다는 건
눈 부릅뜨고 긴 밤 지새우는 것
장미는 오직 고단한 노역으로 봉투를 얻었네

저 견고한 밀봉은 어떤 힘으로도 뜯을 수 없으리
노을 안쪽까지 나선형 미로를 준비해두었으니
장미는 언제쯤이나 읽을 수 있을까
겹겹이 접혀진 손 글씨 편지,
내 안쪽의 컴컴한 봉투를 보네

화살

 화살 하나 달려간다 눈썹 휘날린다 얼굴 일그러진다 벌판 가로지르며, 화살 뒤를 돌아볼 수 없다 언젠가 내가 뛰어가다 넘어진 벌판, 화살 멈출 수 없다 기운 해 그림자 등지고 비틀비틀 화살 하나 뛰어간다

 화살 흔들린다 꼬리 기울어진다 마파람에 방향을 잃고 화살 어디쯤 떨어지나 지금 내가 힘없이 뒤돌아보는 저 거리, 화살 숨이 차다 일그러지는 공기의 결, 찢겨진 허공의 푸른 피, 고개 숙인 저녁 다가온다

 뜨거워 꽃 피우고 서둘러 진 자리

 나 지금 어두운 허공 어디쯤 맴도나 맴돌다 이우나

허공 음악

새들은 벼락을 뚫고 허공을 건너온 배
새가 돛을 펼쳐 수평을 가늠하는 사이, 나무들은
나이테를 새긴다 새와 나무가 함께 분주한 동안

음악이란 부서지는 공기의 외침, 또는 사각사각
나뭇결 속으로 파고드는 나이테의 울림이다
벼락이 구름 등에 업혀 높낮이를 맞추거나
그 살갗에 소름 돋을 때

새가 그어놓은 자국 위로 가지 그늘 어른거리자
허공이 잠깐 출렁인다 움찔움찔, 소나기 오고

멀리서 또 누가 우는지
허공에선 악보가 흔들린다

공기의 각도

공기에도 각도가 있다 산과 계곡, 강과 들
평각으로 이어진 지평선을 따라 공기가 갈라진다
방금 지나온 내 발자국들이 연해주 모래밭 위에
설형문자처럼 박혀 있다
중앙아시아까지 날아간 새들 발자국도 거기 있을까
울컥울컥, 새들이 토해놓은 핏자국을 따라가다가
지워진 발자국 앞에서 길을 잃는다

꿈은 언제나 한 점의 예각, 이주로부터 시작된다
견고한 부피와 용적을 지닌 공간이동
지평선 끝으로 펼쳐지는 꿈

역사는 늘 사각이어서, 나는 또 각도를 놓친다
둔각으로 겹쳐진 황폐화된 경작지들
김니콜라이나 박안드레이의 발자국도 다 지워지고
국경 근처 수이푼 강가에서 내 발자국도 사라진다

결국 무엇이 남는가, 유적처럼 텅 빈 하나의 점

공기방울이 보이지 않는 각도를 뚫고
국경 너머로 흩어진다

악수

네 손을 잡을 때 나는 네 지문의 찾을 수 없는 미로에 갇힌다 지문들 뒤엉킨 갈림길에서 새들은 깃을 접고 서성인다 나는 벌써 네 손등의 솜털들 그 숲에서 길을 잃은 걸까

네 손을 잡을 때, 나는 손금의 깊은 계곡물 따라 흘러간다 계곡은 깊고 고요하다 내 손길이 남지나해 저쪽 부둣가 절벽 위 하얀 집에 닿을 때, 너는 어디 있니?

나는 네 손금의 미로 속에서 길을 잃는다 너는 간데없고 무수한 갈림길만 뻗어나간 골목, 수많은 뿌리털 어느 쪽에 너는 서 있을까

솜털과 솜털, 손금과 손금이 맞닿을 때 우리가 지문과 지문을 서로 부빌 때, 애초의 자리가 아닌, 그 어느 으슥한 곳으로 우리 운명이 흘러갈 때

둠벙

　둠벙은 물과 땅의 아득한 과거, 낯빛 흐린 새 그림자 떠 있다 둠벙은 땅이 잠깐 울고 간 흔적, 눈물 어린 자리에서 둠벙은 이끼처럼 축축해진다 둠벙이 사라질 때 땅은 눅눅해지지만 둠벙은 다시 돌아온다

　둠벙이란 말에선 아직 물 냄새가 난다 허공 어디쯤 몇 개의 웅덩이가 파이기도 한다 둠벙은 사라지는 것들에 대한 기록, 새 그림자 언뜻 지워진 자리에 바람이 꼬리를 담그기도 한다

　저녁이 오면 둠벙마다 별이 뜬다 젖어 있는 것들은 그 습도를 부풀려 번지기 시작한다, 저 번짐을 나는 둠벙이라 부르지만 내 안에 떴다가 사라지는 별들은 시제가 없다 둠벙은 시공을 건너온 거룻배, 어린 내가 낯빛 흐린 별들을 바라보는 동안, 둠벙을 건너가는 건 새가 아니라 시간이다

동백에 관한 노트

1. 동백은 피고

계단을 다 내려갈 때까지 계단은 보이지 않았다
그 대신 겹꽃잎 가슴팍 사이로 강물이 흘렀다
물의 지퍼를 끌어내리자 알몸의 실루엣이 출렁였다
마치 물주머니가 터지는 것 같았다, 누구들일까?
갑자기 나선형 계단을 뛰어오르는 발자국 소리들
천둥이 치는 줄 알았다

2. 동백에 취하여

독주에 취하여 노을 바다를 자맥질하네
나는 오래전 선홍빛 바다를 꿈꾸었네
누가 꽂아둔 걸까, 붉은 엽서들
풋잠이 잠깐 열리는 사이, 봉투도 반쯤 열리고
편지지 붉은 안감이 슬쩍 드러나네
겨울 늪을 건너온 바람의 손길일까

내가 미처 답신을 보내기도 전
간곡한 안부들 허공을 뒤덮고 있네
또 누가 독주 가득 부어놓았는지
깊은 잠이 들불처럼 번지네

3. 동백은 지고

누가 함박웃음 눈물처럼 머금고 가나
내 그림자 밟고 가다가 이내 저녁이 오고
내 그림자 지워져 후두둑, 별이 지고
새파랗게 몸이 언 별 하나 또 투신하나
다시 만날 때까지, 안녕이라고!
저기 또 붉은 목 하나 떨어지나

물금이란 마을*

　물에도 금이 있을까, 너무 가벼워 보이지 않는 실금
　너와 나 사이로 언뜻언뜻 스쳐가는 구름들, 구름의 손짓들,
저 무거운 물굽이 속에서 지금 누가 손을 내미나

　물엔 무수한 금들이 그어져 있다, 단지 파문이라거나
　물결이라 부르는 저 문지방들, 누가 그걸 보았을까 물금 마을에 와서야 물이 긋는 빗금을 보았는데 내가 물 위에 금을 긋자, 봉인을 서두는 봉투처럼 물은 빗장을 닫는데, 물의 문들 모두 불을 끄는데

　나는 보네, 보이지 않는 물의 빗금들, 단호하게
　오, 지금은 아니에요! 머리를 흔드는 몸짓들, 너와 나 사이엔 다시 견고한 담장이 그어지고 물금을 떠나는지, 물 담장을 넘어 물의 틈 사이 누가 또 비좁은 그 샛길 아슬아슬 건너가는지

---

*물금이란 지명은 경남 양산의 물금(勿禁)이나 강원도 정선의 물굼[門金里]처럼 모두 한자어로 표기되고 있으나, 한자어 이전 우리 고유어 물금을 주목할 필요가 있다.

붉은 교향곡

하늘이 벌겋게 충혈되어 있다, 복사꽃잎을 떼어내 본다

꽃판도 충혈되어 있다 숨어 있는 것들은 속살이 붉다

입속의 혀가 붉은 것도 다 까닭이 있다 모든 속껍질

안쪽에서 상처도 저런 색깔로 깊어지고 덥혀지겠지

아무리 그 빛깔을 피해 다녀도 일출, 그로부터 낙조까지는

다시 한 세기, 출생부터 죽음까지 끌고 온 저 붉은빛 선율

우울할수록 너 힘차게 허공을 끌어안는 저녁노을처럼

내가 사랑한 모든 노래의 안쪽, 그 붉은 바탕에도

복사꽃잎이 찍혀 있다

말줄임표

나는 할 말이 없네…… 머뭇거리며, 두리번거리며, 목젖 끝에 걸려

나오지 않는…… 한 마디 말, 울퉁불퉁…… 허공 지나오며 별들은

또 언제 죽었는지, 지평선 가득 쓰러지는 말들의 얼룩…… 저 까마

득한 침묵…… 희미하게 지나가는 꽃상여 행렬…… 꾸꾸꾸 우는

비둘기 떼…… 줄지어 탁발을 떠나는 떠돌이 승려들…… 보이지

않는 발자국 찍듯…… 나는 걸어가네, 나를 따라오는 또 다른

침묵들…… 침묵이 뿌려놓은 검은 뼈들, 비틀비틀 지팡이 끌며

가끔씩 주춤거리며, 나는…… 걸어가네, 자꾸 흔들리며 ……

지평선 위에, 나를…… 흘리고 가네

일몰, 숲

새의 눈 붉은 홍채를 따라 벌레의 이마가 붉어진다
잎맥 사이 수레 지나간 쪽으로 도로가 깊게 그어지고
몸을 돌려 앉던 새가 뒤를 한번 돌아다본다
저 면벽(面壁)도 천둥소리에 박살이 날 때 있으니
누군가의 침묵을 깨뜨린, 눈자위 캄캄한 나무들
벌레는 잎새의 뒷골목을 지나간다
새의 체취를 피해 허공에 매달린 집들이
중세 수도원을 닮았다
계율이 아슬한 낭떠러지 같다

누가 또 우화(羽化)의 순간, 임종을 맞이했는지
잎맥 그늘 쪽으로 길이 깊게 파인다

사탄 탱고
―벨라 타르 감독에게

 1일―목 쉰 종소리 들길을 건너온다 그 바람에 새들이 잠에서 깬다 겨울비 내리고 흐느끼는 숲길로 안개가 스며든다 뒤틀린 대문 빗장 지르고 사람들은 창밖을 응시한다 2일―지붕 밑 쥐들은 새끼를 치고 헐어버린 벽돌담으로 바람이 든다 남루한 의상 겹겹이 걸치고 사람들은 풍문을 엿듣는다 누구를 기다리는 걸까, 다시 어둠은 너무 빨리 골방을 덮치고 흑백의 하루가 저무는데, 사내는 아직도 오지 않는다 3일―죽은 사내가 돌아온다 부활이 온다, 그는 조세와 공과금을 징수하러 온다, 슬픈 탱고 선율을 밟고 비바람 등에 지고 골고타 언덕을 넘어서 온다 4일―투명한 눈망울, 검은 수염의 사내가 온다 두려움과 떨림이 온다 여자들은 너무 일찍 넘어지고 사내들은 쉽게 취해 비틀거린다 온다 사내는, 금전출납부를 든 계시가 온다 5일―오오, 믿을 수 없는 부활이 온다 보라, 눈이 있는 자들은 볼지어다 6일―겨울비는 멈추지 않고 땅은 질척이고 사람들은 얼어붙는다 잿빛 하늘 우중충한 지평선을 넘어 남루한 사람들이 떠난다 7일―에덴은 어디인가, 어디에 숨었는가

안개 무늬

안개가 부두를 걸어간다, 섬모 같은 발가락 흔들흔들 안개가 땅바닥을 기어간다 등 굽은 노인처럼 부둣가를 지나며 안개는 다리를 전다 출렁이는 걸음이 여울 속에 갇힌다

왼쪽으로 조금 기울어진 고개와 골똘한 이마, 안개가 절뚝절뚝 지팡이를 끌고 간다 중세 풍 흑백영화처럼 골목에서 그림자 하나 불쑥, 튀어나올 것만 같다 사막의 무늬는 안개의 유동을 베낀 걸까 바람이 흔들 때마다 사막 위에 그어지는 예쁜 아랍어들, 저 문양은 별들의 잔치를 불러낸 흔적이거나 안개의 곁가지들이 흘러넘쳐 새끼를 친 건 아닐까

이번엔 내가 안개감옥에 갇힌다, 부드러운 철창 안에 내가 유폐되는 동안, 안개는 또 사막 무늬를 흉내 내고 그걸 본뜬 아랍어 문양들이 출렁출렁 허공을 건너간다

눈빛들

 항구는 수많은 눈들을 숨기고 있다 땅과 바다 사이엔 물의 막 한 겹 얇은 커튼으로 가려져 있다 물결 틈새마다 비수처럼 눈망울이 번뜩인다 한쪽으로 쏠린 갈매기 눈빛이 부두를 겨눌 때쯤, 물결 위엔 비밀문서들이 얼비치기도 한다

 산다는 게 염탐하는 일이라면, 사랑이란 탄로 난다는 뜻이 아닐까

 물고기들이 진종일 산호 숲을 헤집는 것도 감당할 수 없는 눈빛들 때문이다 어두운 산호 그늘마다 서로를 노리고 있는 눈빛들, 파도가 부서질 때마다 소리 없이 열렸다 닫히는 눈꺼풀들, 물고기들이 항구를 염탐하는 사이, 지금 청천 허공에서 누가 나를 노려보고 있다 햇살의 감시망은 너무 뜨거워 눈을 벨 때도 있다

 벗어날 수 없구나, 숨어 있는 카메라 앵글들, 불타는 햇빛 조리개들, 모자를 눌러쓴 내가 렌즈에 비친다 수배전단 아래 내가 서 있다

푸른 비

 그랬군, 이 비는 새들이 연신 뱉어낸 노래를 모아 나무들이 힘겹게 새순을 밀어내는 소리였군, 저 음악에 기대어 살던 날들은 이제 지나가고 내 안에 숨어 있던 상처의 빛깔들마저 잊고 싶다고, 등을 떠미는 새순처럼

 그렇군, 삼각산 잎새들의 초록 구름 위에서 내 몸도 서서히 가라앉는지, 비구름 융단 위로 조금씩 펼쳐지는지 또 누가 자꾸 손짓하는데

 한 번의 바람결에 내 몸도 무너져, 이제 푸른 비로 쏟아질 시각이군 캄캄한 그대 마음속에도 이 빗소리 스며드는지, 스며들어 또 무얼 밀어내고 있는지

제4부

꽃 점을 찍자, 별 무덤이네
— 수화 김환기, 유화, 3—II—72 # 220

  꽃잎 한 잎씩 바닥에 구를 때, 처음엔 별을 밟는 줄 알았지 나는 별의 압정에 발이 찔렸는지 뭉개진 꽃 피 허공으로 번졌지 꽃 점의 감옥은 너무 넓고 별의 수인들은 넘쳐났지

  점들도 숨을 쉬는지 사막 가득 별들이 꿈틀거렸지 별은 누구의 사생아인지 어느 꽃의 핏줄인지, 점들은 쉬지 않고 새끼를 쳤지 모래알들은 부풀어 오르고 거친 호흡이 사막을 뒤흔들 무렵 나는 낙타처럼 이곳을 지나갔지

  저 핏방울은 누구의 허공인지, 장미의 뒤뜰은 별까지 이어지고 나는 다리를 절며 벌판을 떠났지 무덤도 숨을 쉬는지 꽃 점들이 부풀었지 빗방울에 젖은 점들은 눈을 부비고 빗금이 허공과 벌판을 덮었지 강물 혼자 사막처럼 몸을 숨길 때, 거기 내가 별 무덤을 파고 있었지

숨은 골

마을의 모양새란 것도 우리 육체를 닮아서,
　이를테면 사타구니에 해당하는 고샅길이나 낀 골도 있을 테니 쇄골을 가로질러 언덕을 넘고, 들녘 사이 점처럼 찍힌 골짜기로 스며들기까지 내 몸을 숨기기 위해선 꽃이 아니라, 낀 골이 필요한지 모르네

　산다는 건 허허벌판 지나 움막으로 돌아오는 일
　내가 절흔처럼 오목한 마을에 당도할 즈음, 애벌레들은 수피 속에 몸을 묻고 낮달은 구름 속으로 얼굴 감추네

　낀 골이란 이름,
　이곳 고령군 개실(介室)마을*에서 보네
　초저녁 별들이 어스름 속으로 얼굴 들이미는 걸
　더 어두워진 내 마음이
　고샅 깊은 곳에 이를 때

　산다는 건 숨는 일이었으니

산새들은 어느 우회로를 돌아 둥지로 돌아오는지
바람은 왜 가만가만 그 곁에 고이는지

---

*경북 고령군 쌍림면 개실마을은 점필재 종택 마을이다. 이곳 사람들은 물론 『고령군지』에서도 꽃이 예쁜 마을, 가실(佳室/佳谷)의 뜻이라거나 꽃피고 열매 맺는다는 뜻의 개실(開實)이라고 기록하고 있다. 하지만 내 생각은 다르다. 무오사화 이후의 역사적 여건을 고려하거나, 특히 이 마을의 지형을 보건대, 그 뜻은 '긴 골'을 뜻하는 개실(介室)에서 유래한다고 볼 수 있다. 긴 골은 바로 숨은 골이기 때문이다.

구불구불하다

길은 모퉁이를 돌아가며 키가 자란다 처음 읽는
문장에 홀리듯 산굽이마다 나타나는 휘어진 문들
몇 번의 이별 뒤에야 제 몸에 옹이를 새기는 나무들
길은 비바람을 만나며 허리가 휜다

공기는 부풀며 숨을 쉰다 별의 항로가 휘어진 건
허공의 모퉁이들, 음습한 공기의 옹이들 때문이다

길을 돌아가면 내 몸에 돋아나는 가시들이 보이고
상처만이 역사가 되는 이치를 허리가 휜 강물을
보며 알았다

슬픈 일기의 여백마다 고여 있는 굴곡들
그 계곡 더듬어보면 습진처럼 진물이 묻어나고
울퉁불퉁 요철들 밟히고

모든 직선은 몸을 뒤틀며 완성된다

목련 여자

여자에게선 샘물을 감춘 사막처럼 뜨거운 물소리가 났다
희미한 물소리에 나는 귀를 열고 있었다
내가 물소리를 따라온 사막 같았다

여자는 얼굴을 들지 않았다 고개 숙인 채 흰 치아 가지런히
웃고 있었다, 고개가 가슴팍에 얹혀 있었다 희미하게 물소리
가 지나갔다 바람이 불자 흰빛이 빠져나가는 게 보였다 그녀
의 눈빛과 마주치는 순간, 강물에 빠져 익사하고 싶었다

나는 늙었으며 그녀는 누렇게 빛이 바래고 있었다
마침내 익사의 순간이 다가오고 있었다 더 이상 물소리는
들리지 않았다 아프지 않았으며 슬프지도 않았다

물소리 여자 하나 멀어지고 있었다 흰 강을 건너
여자의 뒷모습 사라지고 있었다
아득히 멀리, 내 안에서 흰빛이 지워지고 있었다

살아남은 자의 슬픔

이우목(1925~1998)은 해방 직전 징용에서 탈출한 사내
그가 거푸 인민군에 차출되었을 때, 사람들은 이번엔 돌아오기 어려울 거라고 혀를 찼다 인민군에서 그가 어떻게 도망쳤는지는 잘 알려져 있지 않다 살아남은 자의 슬픔이 그의 입을 틀어막았던 걸까 하지만 그가 브레히트의 시를 읽었으리라곤 상상할 수도 없다 브레히트 대신 그는 부러진 쟁깃날을 갈아 끼우거나 물고기의 부레에 관심이 많았으니까, 물론 칠십 평생 작물을 키워 크게 히트한 적도 없다

그가 세상을 떴을 때
두 번째 탈출의 비밀이 밝혀졌다 옻나무 줄기로 밑을 닦고 목숨과 내기를 했노라 그는 썼다 옻독이 오장육부를 적시고 혀와 눈동자까지 점령한 뒤 그는 옻독에 취해 죽었다고, 그것이 부활이었다고! 낡은 공책에 그는 적었다 그 눈으로 세상을 읽고 그 혀로 음식을 맛보며 끝내 부끄러웠던 걸까 그는 미안하다고 덧붙였다 생의 마지막 몇 해, 그가 언어마저 잃고 음식을 거부한 이유였다

누구든 자기 분량의 비밀을 안고 산다, 산다는 건 그 비밀을 슬픔으로 닦아내는 일이다

떨어지다

꽃잎 하나 떨어지자 지구가 살며시 무거워졌다
잎새 하나 떨어지자 지구도 기우뚱 기울어졌다
내게서 떨어져나가 내가 잃어버린 구름 한 조각
허공 무게에 짓눌려 돌아누울 때
붉은 빛 하나 소리 없이 멀어져갔다

숨을 들이마시자 하늘이 쭈글쭈글 구겨졌다
숨을 뱉어내면 허공으로 뻗어 나가는 나뭇가지들
호흡은 공기와 만나 빗방울 위에 포개졌다

동백은 지고 동백나무가 허전해졌다
옷을 벗고 살을 베고 동백은 잇몸까지 가벼워졌다
지금 뚜껑을 활짝 열어 제 뼈를 모두 드러낸
저 동백은 몸을 다 비웠다

붉게 물든 땅이 한번 환해졌다

진달래의 비밀

 화사하게 웃고 있는 저 꽃잎도 결 따라 안으로 들어가 보면 눈물 몇 방울 감추고 있다 잠깐 환하게 밝아지기 위하여 꽃잎은 긴 저녁을 지나왔으니, 어쩌면 지난밤도 울었는지 모른다

 진달래는 그 많은 무늬를 어디다 숨기고 저토록 선홍으로 불 밝힐까 제 몸을 거침없이 바람에게 맡기는 동안 이제 텅 비어 하염없이 얇아진 살갗, 누군가의 이름도 그늘 가장자리로 밀어내야 할 때, 남김없이 흔적을 지운 틈새로 또 누군가의 이름이 끼어들 때

 웃음도 짙어지면 눈물이 되는지, 선홍빛 주름살을 따라가 보면 눈자위마다 희끗희끗, 화장기가 지워져 있다 내 오랜 지병이 선홍빛 위에 몰래 겹쳐진다

날카로운 말

그 말, 잊었다거나 잊으라는 말
손을 대면 뚝뚝 핏방울이 맺히는, 마른 잎
다 떠나보낸 가지들과
시퍼렇게 구멍 숭숭 뚫린 빈 하늘과 저녁 들판으로
번지는 서늘함

비어 있다는 말, 아비가 남기고 간 헐렁한 구두와
긴 회랑 저쪽으로 멀어져가는 발자국 소리

줄을 끊거나 편지를 찢는다는 그 말
바람은 살갗을 저미고, 캄캄하게 숨겨진 별빛들
쨍쨍, 하늘이 금가는 소리들

꽃피는 시절은 잊었다는 그 말, 등'굽은 노파의
거친 손길이 폐지 위에 오르내릴 때
울컥울컥, 치밀어 올라 목젖을 두드리는 소리들

그 말, 비수처럼 날아드는 한 마디 말

입술 오물오물, 그대가 남기고 떠난 그 말
흔적 없는 말

안흥 포구

 포구엔 비가 내려 저물도록 눈이 침침하네 돋보기를 걸친 갯벌의 검은 눈빛, 바다를 읽는 중일까, 저 책에선 비린내가 나겠네 신진도로 이어진 연육교는 내 이쪽과 저쪽을 저울질하는 천칭처럼 팽팽하네 바람이 손길을 뿌리치자 갈매기의 한 쪽 갈비뼈가 기우네 기억이란 비스듬히 기울어진 채 바람에 몸을 기댄 돛대는 아닐까

 느낌표처럼 서 있는 돛대, 내 몸의 한 부위가 바람에 잔뜩 부풀려지네

 (여기까지 쓰다가 덮어둔 시) 십 년 지나 다시 와보니 안흥 포구는 사라져 폼페이 유적을 닮았네 바다도 얼마큼 헐거워져 갈매기들은 모두 신진도로 이사 가고, 그때 보았던 배 한 척 펄 속에 박혀 있네 내 몸의 어느 부위에서 바람이 빠지고, 흐린 물속에 십 년 저쪽의 내 얼굴이 비치네

간월도

내 안에선 간월도가 걸어 다닌다, 섬은 안개 속에 조용히 서 있다 어느 땐 미풍에 떠밀려 지워지기도 한다 섬도 고향 떠난 뒤 아직 돌아오지 못한 걸까 마파람에 귀가 닫힌 섬, 간월도는 달빛 속에서 잠든다

그 후 사십 년, 나는 지금 차를 몰고 간월도로 간다

섬은 달 속에 숨어 있다 반세기 저쪽 거리가 한 세기 너머로 곤두박질하기도 한다 전조등 불빛 속에 유령처럼 떠오르는 섬, 간월도는 아직도 달의 반쪽이라고 우긴다

달을 봐라, 달에서 악기 소리가 난다 달집 주변은 온통 흰 모래밭, 달이 기침할 때마다 운모의 낱알들은 어깨를 떤다 달빛 섬이 흔들린다 섬은 부풀어 달집을 덮는다

달이 울리는 풍금 소리 들으러 나는 지금 차를 몰고 달나라로 간다

서자, 물푸레나무

 내 몸에선 저벅저벅, 물길 지나가는 발자국 소리가 난다 그때마다

 창밖은 더 새파래진다 이슬에도 귀가 젖는 시간 내 몸은 현악기가

 된다 낮은 음자리마다 네게로 이어진 길이 보인다

 한때 나는 숲의 귀족, 쌍떡잎식물의 서자, 깃꼴의 겹잎을 달고 갈색

 수염을 붙인 나무들의 이방인, 초벌의 초록이란 천둥과 번개를

 피해가기 어렵고 주변을 따라간 녹색이란 단풍에도 지워질 뿐,

 나는 오래오래 잎새의 불을 지펴 비취빛을 굽는다 내가 단

단한

  목질의 사생아로 태어나, 숲의 변방에서 근육이나 키우는 건

  아무도 내 이름을 호명하지 않기 때문이다

  나는 기다린다, 내 몸통이 총신이 될 때, 이윽고 내 안을 통과할

  총알의 뜨거운 분출, 기침하듯 강렬해질 때까지

가을 산은 상자일까

 가을 산은 여기저기 상자를 옮겨놓는다 꼭꼭 닫힌 뚜껑은 열리지 않고 인기척에 움찔움찔 몸을 떤다 내가 당신에게 부친 편지는 아직도 밀봉된 채 가지 끝에 매달려 있다 귓불이 붉어진 당신이 봉투를 열어볼 즈음, 편지지 안쪽에도 몇 장의 노을이 겹쳐 있겠지 소슬바람 사납게 몸을 흔들 때쯤, 물든 활자들은 진물을 흘리겠지 우듬지 끝까지 캄캄해진 당신의 답신이 돌아올 즈음, 텅 빈 상자 안엔 안개비도 몇 방울 번지고 있겠지 보조개처럼 찍혀 있는 소인을 대신하여 당신이 보낸 고별인사는 솟구친 언덕일까 움푹 파인 구덩이일까 내가 거기 빠지기도 전, 당신은 벌써 잎맥의 강을 건넜는가 당신이 주춤주춤 뒤를 돌아보는 동안, 상자도 빛이 바랬는지 삐걱이는 문밖에서 누가 또 무릎을 꺾고 쓰러진다

물뿌랭이 마을

물뿌랭이를 무뿌랭이로 잘못 들었다 시장기가 확 돌았다
몇 발짝 내딛다가 감전된 듯 저기요! 방금 뭐랬지요?

물뿌랭이 마을요? 물뿌리란 뜻이라구요?
그 이름 혀끝으로 굴려보니 정말 맹물 맛이다
하긴 물인들 왜 뿌리가 없을까
물이 실뿌리를 뻗어 얻은 그 이름
그렇다면 물의 난장판도 있을 게 아닌가

전북 장수군 수분리(水分里), 물뿌랭이란 마을 이름은
뿌리털 하얗게 매달린 식물 이름 같다
보이지 않는 어느 근원으로부터 물이 흐르고
나 너무 멀리 온 걸까
허공 어디쯤에서 냉이찌개 냄새가 확 끼친다
그보다 먼저 침이 고이기도 한다
물뿌랭이는 아무래도 좀 억세겠지
꼭꼭 씹어서 먹어야겠지

아기가 온다

1
갓난아기의 얼굴이 쭈글쭈글한 건 우주의 결
바람결의 무늬가 쭈글쭈글하기 때문이다
갓난아기의 몸이 물주머니인 건 지구가
팽팽한 물집이기 때문이다
갓난아기의 뇌가 물렁물렁한 건 우리가
젖은 진흙으로 태어나기 때문이다
아기는 어미가 악! 하고 용을 쓰는 순간
공기의 피륙이 찢겨지거나 우주의 주름이
몇 번 꿈틀거리는 빈틈을 노린다 허공의
움직임이 일순 멈추는 순간

쉿! 지금 우주의 좁은 틈이 벌어지고 있다

울퉁불퉁한 공기의 결 지나 아기가 온다
방심처럼 슬쩍 열린 문틈으로
황홀한 주름의 기별이 온다
꿈틀꿈틀, 새 빛이 쏟아진다

2

　천둥이 친다, 천둥은 고샅으로 스며든다 소리의 조각들 뿌려진다 씨앗이 움튼다 보라, 태반엽이란 예쁜 잎새들 지금 산호 숲이 부풀고 있다 양수(羊水)의 바다, 우주로 이어진 피톨의 무한 팽창, 그 마디마다 가지가 돋고 가지마다 꽃봉오리가 자란다

　잎과 가지 무성한 나무들의 고요한 안쪽, 뿌리 끝에 아기 하나 매달린다 실핏줄이 꿈틀꿈틀, 숨 쉬고 있다 우주의 물주머니가 터진다 고샅이 쩍 갈라진다 손님 하나 온다

노을 진 잠

잠이 밀려온다 내 몸이 노을의 일부가 될 때, 잠도 바다 쪽으로 쏠린다 절뚝거리는 바다의 눈꺼풀이 한꺼번에 풀린다 진통은 잠을 자며 온순해지는지 노을 속에 몸을 뉘일 때, 노곤한 꿈도 저런 빛깔로 풀어지는지

노을이 세상의 낯빛을 바꾸는 동안, 꿈이 낯선 새처럼 날아와 나를 덮는다 내가 노을의 몸 빌어 붉어지는 동안, 바다는 생각이 많아진다 섬들은 안부를 묻고, 바다는 그걸 받아 적는다 시퍼렇게 기록되는 문안 편지들

기억도 출렁이며 잠을 자는지 꿈이 부풀어 무거워진다 파도가 이불처럼 풋잠을 덮어줄 때, 저 따스한 냉기로 내 몸은 덥혀지고, 초저녁 몸살이 노을에 붉게 물든다

해설

주름의 시학, 허공의 철학
―이경교 시집, 『장미도 월식을 아는가』 읽기

오민석(문학평론가·단국대 교수)

I.

이경교의 문장들은 독자들을 계속 사유의 골목으로 몰아넣는다. 가벼운 서정에 자신을 던져버리고 싶은 독자들이 있다면, 이 시집을 읽을 필요가 없다. 그러나 철학 부재의 시대에 사유의 터널을 천천히 따라가 철학의 (어떤) 종점까지 가보고 싶은 독자가 있다면, 부디 이 시집을 읽을 것을 권한다. 이 시집에서 가장 자주 반복되는 단어는 "허공"이다. 그의 시들은 그 허공으로 가는 물결이고 주름이며 바람이다. 허공은 사유가 도달해야 할 마지막 목적지이지만, 그것이 사유의 답은 아니다. 수많은 생각의 파고를 거쳐 허공에 도달할지라도 그곳은 종점이 아니라 또 다른 사유의 출발점이 된다. 말하자면 그의 시는 바람을 타고 바다를 향해가는 윤슬이지만, 바다는 또 다른 물결로 그 너머의 세계를 부른다. 그는 마침내 텅 빈, 탈중심화된 중심을 찾아가는 철학자 혹은 순례자 같지만, 그 어떤 허공도 그에게는 정주(定住)의 공간이 되지 않는다. 그런 점에서 그는 허공의 집을 짓는 자이자, 가장 마지막의 허공에서 다시 집을 허무는 자이다.

> 저기, 누가 영원을 응시하고 서 있나
> 희미한 허공 붙잡고 있나
> 검은 바다와 잿빛 하늘은 누구 그림자인가
> 검은색이 무거움을 밀어내어 잿빛에 이를 때, 허공의 맥박이 더욱 빨라질 때
> 바다는 눈이 멀어 어둡고, 허공은 아득하여 말이 없네
>
> 이 무거운 침묵은 누구의 안쪽인가
> 그 안쪽은 또 무슨 색인가
> 나는 기다리네, 텅 빈 허공이 입을 열 때까지
> 그림자가 제 속을 열어 보일 때까지
> 허공과 그림자는 어디서 만나 언제쯤 헤어지나
> 우중충 내 안에 적란운이 짙게 깔리네
>
> 이제 누가 무얼 응시하며 서 있나, 왜소한 내 몸뚱어리

해변에 붙잡힌 사이, 그림자는 벌써 다 지워지고

나는 지금 얼마나 서늘한가
—「해변의 수도승」 전문

 이런 대목은 '낭만적 서정'을 기대했을 독자들을 당혹케 한다. 질문에서 시작해 질문으로 끝나는 이 시는 그 자체 현상과 본질에 대한 철학적 '따짐'이다. "무거운 침묵"은 모습을 드러내되 정답을 말하지 않는 '본질'이고, 화자는 그것의 내부와 속성을 계속 파고들며 질문을 던진다. 화자는 그 깊은 본질의 속이 "텅 빈 허공"임을 이미 알고 있다. 그러나 화자는 이데아와 "그림자"가 만나고 헤어지는 방정식을 끝내 풀기를 원한다. 그림자는 "텅 빈 허공이 입을 열 때까지" 쉽게 답을 주지 않기 때문이다. "우중충 내 안에" 깔리는 "적란운"은 이데아와 현실 사이의 관계, 그리고 그 관계의 문법을 굴절시키는 주체의 렌즈이다. 그것은 편견·취향·언어·이념의 이름으로 대상을 왜곡시킨다. 주체가 대상을 제대로 포착하기 힘든 것은 그 사이에 시야를 흐리는 "적란운"이 끼어 있기 때문이기도 하지만, 주체와 대상이 끊임없이 변하기 때문이기도 하다.

나는 꽃핀다, 꽃불이 진달래 선홍빛 속도로 퍼진다 혀
에 불이 붙는다 불타는 내장이 밖으로 번진다

세상이 벌겋게 달아오른다

  누가 누구를 떠미는지, 밖으로 내미는 건 누구의 속잎인지 나는 무엇을 빨아들이는 중인지 초록을 지나 강물의 냄새로 내가 저물 때,
  저 출렁임은 누구의 노을인지

  나는 녹는다, 녹아내려 방사형으로 스민다 실개천 따라 물굽이에 몸을 섞는다 돌연한 파문이 바다에 당도할 즈음,
  내 육체는 공기 속으로 흩어진다

  마침내 나는 어둠 속으로 가지를 뻗는다, 물방울 결을 따라 스민다 젖은 잎새와 검은 허공을 건너 내가 별빛에 닿을 때,
  별빛의 몸통이 한번 환하게 번진다
―「나는 번진다―별빛」 전문

부제를 염두에 두면 이 시에서 "나"는 "별빛"으로 읽힐 수도 있다. 그러나 "내가 별빛에 닿을 때"라는 표현은 이 시에서 "나"가 별빛이라는 대상이면서 동시에 그것에 가닿는 주체로 읽어도 됨을 보여준다. 말하자면 이 시는 이경교 시인이 생각하는 인식 주체와 대상의 모습을 동시에 보여주고 있다고도

할 수 있는데, 그 둘의 공통된 성격은 "번진다"라는 동사가 가리키듯 '유동성'이다. 주체는 단 한순간도 멈추어 있지 않으며, 다른 주체로 변한다. 그것은 계속해서 "녹아내려" 다른 주체로 "스민다". 대상 역시 다르지 않다. 그것은 끝없는 변화의 "물굽이에 몸을 섞"으며 계속해서 '다른' 것이 된다. 이 시에도 예외 없이 "허공"이 등장하는데, 앞에 인용한 시에서 "텅 빈 허공"은 이제 "검은 허공"으로 변해 있다. 나는 앞에서 이경교 시인의 "허공"을, 가닿을 수 없는 일종의 본질 혹은 이데아로 설명했는데, 이것을 다시 바꾸어 말하면 라캉(J. Lacan)의 실재(the Real)와도 유사하다. 그것이 텅 비고 검은 허공인 이유는 현상이나 언어를 경유하여 그것에 결코 도달할 수 없기 때문이다. 그것은 오로지 상징계(the Symbolic)의 파괴 혹은 죽음을 경유해서만, 그것도 점근선적으로(asymptotically)만, (순간적으로) 가까이 갈 수 있는 것이다. 그가 허공을 종종 저 높은 곳의 '죽음'의 상태로 묘사하는 것도 이런 이유 때문이다.

누가 나를 끌어올릴 때, 오오 나는 들림을 받는 줄 알았네

줄 끊긴 거문고 선율처럼 소리들은 사방으로 흩어지고 구름은 나를 새떼 쪽으로 떠밀었네 구조 헬기에서 내린 하

늘 두레박의 단단한 줄, 나는 흘러넘치고 봉인되었으며 깃털처럼 가벼워졌네 우화(羽化)를 위하여 창공을 헤엄쳐 나가며 아 안녕, 나 살던 지상과도 작별했는데 나의 천국은 구조 헬기의 훈훈한 실내, 압축공기와 예쁜 간호사와 구급약품 상자를 지나 내 육신은 지금 어디로 들림을 받는 중일까

   누가 나를 끌어올릴 때, 보았네 시체처럼 들것에 꽁꽁 묶인 내 몸, 그래서 날 수 있는 내 영혼, 단단한 봉인과 거기 붙은 지상의 우표 한 장, 꽃잎처럼 천상으로 배송된 짐꾸러미 하나

   나의 하관(下棺)은 풍습과 반대, 지상을 떠나 천상에 묻히는 것, 가뭇한 허공중의 봉분 그 작은 점이 되는 것, 그 여름 도봉산 매바위에서 낙하하여 마침내 내가 구름 위에 묻힐 때

—「하늘 봉분」 전문

  그에게 있어서 죽음은 지상으로의 낙하가 아니라 가장 높은 "허공"에 "봉분"을 세우는 것이다. 누가 감히 "들림"의 '죽음'을 규정하고 범주화할 수 있을까. 주체가 찾는 것은 '허공'이지만, 그것은 바로 허공이라는 바로 그 속성 때문에 늘

탈중심화되어 있다. 그래도 그것은 모든 현상과 현상을 꿰뚫는 인식들이 도달하고자 하는 곳이고, 그러나 끝내 닿지 못하는 곳이며 그래서 오로지 죽음의 순간에만 '가뭇' 볼 수 있는 것이다.

II.

이경교 시인의 철학적 질문은 주체와 대상의 유동성과 관련되어 있다. 그는 근본적으로 세계의 고정성을 인정하지 않는다. 그에게 있어서 모든 단자(monad)들은 '무엇 되기'의 과정 중에 있으며 한 주름에서 다른 주름으로, 다른 주름에서 또 다른 주름으로의 연속적 이동 속에 있다. 게다가 모든 주체 역시 세계의 일부이므로 그는 주체의 고정성 또한 신뢰하지 않는다. 강물 위의 물결이 동일한 것이 하나도 없듯이, 모든 존재는 하나의 단자에서 다른 단자로, 하나의 굽이에서 다른 굽이로 이동 중이다.

> 네 손을 잡을 때 나는 네 지문의 찾을 수 없는 미로에 갇힌다 지문들 뒤엉킨 갈림길에서 새들은 깃을 접고 서성인다 나는 벌써 네 손등의 솜털들 그 숲에서 길을 잃은 걸까
>
> 네 손을 잡을 때, 나는 손금의 깊은 계곡물 따라 흘러간

다 계곡은 깊고 고요하다 내 손길이 남지나해 저쪽 부둣가
절벽 위 하얀 집에 닿을 때, 너는 어디 있니?

　나는 내 손금의 미로 속에서 길을 잃는다 너는 간데없
고 무수한 갈림길만 뻗어나간 골목, 수많은 뿌리털 어느
쪽에 너는 서 있을까

　솜털과 솜털, 손금과 손금이 맞닿을 때 우리가 지문과
지문을 서로 부빌 때, 애초의 자리가 아닌, 그 어느 으슥한
곳으로 우리 운명이 흘러갈 때
ㅡ「악수」 전문

　그에게 대상("너")은 "손금"처럼 끝없는 연결과 분리로 갈라
진다. 그것은 "찾을 수 없는 미로", 끝을 알 수 없는 "뿌리털"
같은 것이다. 이경교 시인은 대상들을 이렇게 고원의 유목민
들처럼 풀어놓고, 스스로 그 미로에 갇히기를 마다하지 않은
채, 단자들의 행로("어느 쪽에 너는 서 있을까")를 찾는다. 나는
이런 독특한 방식의 사유를 '철학' 외의 다른 용어로 설명할
수 없다. 세계의 비고정성, 유동성을 이미 인지하고 있으면서
도, 그 유동성의 궁극적인(고정된) 이데아를 찾아보겠다는 시
도는, 불가능성을 애초에 알면서도 그 불가능성을 향해가는
'철학'의 얼굴을 보여준다. 그 불가능성 때문에 그것의 '찾

기'는 치열하고, 그것을 찾는 순간, 다른 문이 또 열린다.

> 마지막 자리는 어디일까
> 저 검은 점은 누구를 위한 집인가
> 아무도 거역할 수 없는 강물 건너
> 마침내 내가 당도할 푸른 무덤 어귀
> 바로 그 지점에 울퉁불퉁 찍히는 질문들
> 딸림화음과 으뜸화음 사이로 저무는 악보처럼
> 누가 또 벨을 울리는가, 그쯤에서
> 또 하나의 문이 열리고 있네
>
> ―「마침표」부분

 앞에서도 말했다시피 그에게 있어서 사유의 종점은 '죽음'이고, 그는 "푸른 무덤 어귀"에 당도할 때까지 계속해서 "울퉁불퉁"한 "질문들"을 던진다. 여기서 질문이 "울퉁불퉁"하다는 것은 그의 어떤 질문도 규범적이거나 범주적인 것이 아님을 보여준다. 그의 질문은 대상의 '무한성(the infinite)'을 전유하는 미끈한 평면들이 아니라, 탈영토화된 거친 굴곡들로 이루어져 있다. 그는 유동적인 대상에게 유동적인 질문을 던지면서 (대상과 함께) 마지막 "검은 점"까지 치고 나간다. 주체와 대상의 이 '유동성' 혹은 '탈영토성' 때문에 죽음의 "벨"이 울려도 질문과 대답은 끝나지 않는다. 그는 사유의 종점에서 "또 하나의 문이 열리"는 것을 본다.

III.

 이경교의 주름의 미학과 허공의 철학을 이끄는 또 하나의 단면은 바로 '시간'이다. 주름이 생기는 것도 시간의 결과이고, 주름이 다른 주름을 낳는 것도 시간의 힘이다. 시간은 그리하여 끝없는 '생성'의 동력인데, 문제는 그 '되기'의 종점이 늘 죽음을 부른다는 데에 있다. 이경교 시인은 시간이 주름을 만드는 과정을 따라가면서, 바로 그 시간이 죽음이라는 '허공' 혹은 "둠벙"을 만드는 것을 목격한다. 그 모든 울퉁불퉁한 굴곡과 주름 사이사이에 단자들의 생애가 둠벙처럼 고여 있다. 단자들의 생애는 끝없는 생성이되 죽음을 향해 있으므로 아프고 슬픈 색채를 가지고 있다. 그의 많은 시에 "선홍빛", "붉은", "피", "핏방울", "핏빛" 등의 기표들이 등장하는 것은 바로 이런 이유 때문이다. 죽음은 물론 그 너머에 다른 세계를 가지고 있고, 그리하여 또 다른 출발로 인식되지만, 단자―개체들에게는 어찌할 수 없는 '종점'이기 때문이다.

 둠벙은 물과 땅의 아득한 과거, 낯빛 흐린 새 그림자 떠 있다 둠벙은 땅이 잠깐 울고 간 흔적, 눈물 어린 자리에서 둠벙은 이끼처럼 축축해진다 둠벙이 사라질 때 땅은 눅눅

해지지만 둠벙은 다시 돌아온다

둠벙이란 말에선 아직 물 냄새가 난다 허공 어디쯤 몇 개의 웅덩이가 파이기도 한다 둠벙은 사라지는 것들에 대한 기록, 새 그림자 언뜻 지워진 자리에 바람이 꼬리를 담그기도 한다

저녁이 오면 둠벙마다 별이 뜬다 젖어 있는 것들은 그 습도를 부풀려 번지기 시작한다, 저 번짐을 나는 둠벙이라 부르지만 내 안에 떴다가 사라지는 별들은 시제가 없다 둠벙은 시공을 건너온 거룻배, 어린 내가 낯빛 흐린 별들을 바라보는 동안, 둠벙을 건너가는 건 새가 아니라 시간이다
—「둠벙」 전문

"둠벙"은 단자들의 시간이 단절되는 곳, 즉 단자들의 죽음의 공간이다. 그리하여 시인은 둠벙을 "사라지는 것들에 대한 기록"이라고 말한다. 그러므로 죽음 혹은 어떤 본질의 기표인 "허공" "어디쯤"에 "몇 개의 웅덩이가 파이기도 하"는 것은 당연하다. 둠벙은 수많은 생성과 주름의 굴곡을 건너온 단자들의 눈물과 "아득한 과거"가 기록되는 공간이다. 이경교는 이 죽음의 기록이라는 전면(前面)만 바라보는 것이 아니라, 그것의 동력을 본다. "둠벙을 건너가는 건" "새"처럼 눈에 보이

는 형상이 아니라, 보이지 않는 "시간"이다.

> 어느 들길이었지?
> 어린 날 꽃뱀과 첫눈 맞출 때
> 미끄러운 유혹 쪽으로 손을 내밀 때, 에비에비!
> 아비가 내게 새겨준 그 말, 어지러운 핏빛 언어
> 안타까워라, 살아 꿈틀거리는 무늬의 유혹
> 그때 거둬들인 내 손끝엔 꽃뱀 무늬 아직 환한데
>
> …(중략)…
>
> 에비란 말과 만난 그 순간, 꽃무늬는 시커먼
> 죽음의 입구가 되어 막혀버리고
> 나는 또 내 아이에게 에비에비,
> 꽃뱀의 언어
> 얼마나 많이 넘겨준 걸까
>
> 에비에비, 꽃망울 환하게 터지는
> 독 묻은 그 꽃
>
> ―「에비」 부분

이 시는 최초의 인류에서 시작된 시간을 현재까지 끌어오며 "죽음"을 이야기한다. 이 시가 보여주다시피 죽음은 수많은 단자들의 "둠벙"들로 계속 이어진다. "독 묻은 그 꽃"은 시간이 죽이지 못하는 영원한 과제이다. 왜냐하면 그것은 "핏빛 언어"이면서 동시에 "미끄러운 유혹"이기 때문이다. 그것은 시간의 스케이트보드를 타고 수많은 단자들을 유혹하고 둠벙에 빠뜨리면서 끝없는 현재로 지속된다.

 흙의 기억 희미해질 때, 지평선 끝엔 선홍빛 냄새 자욱이 깔린다 구름은 언제나 내 안을 가득 채우지만, 나는 이제 그릇이 아니라 허공을 담은 무덤이다

 저 무덤도 알 하나 낳고 싶은지 노을을 빨아들인다 피해 다녀도 끝까지 쫓아온 빛처럼 노을 화살이 내 몸에 꽂힌다 무엇이 나를 채우고 있는가, 내 배가 참을 수 없이 불러온다

          ―「오래된 항아리」 부분

"흙"이 생명이라면 "항아리"는 불의 연단과 굴곡을 겪어 (단자로서의) 시간의 끝 혹은 완성에 도달한 존재이다. 그 상황에 "선홍빛 냄새"가 "자욱이 깔린" 것은 당연한 이치이다. 그것은 "허공을 담은 무덤"이지만, 시간은 이 단자의 죽음을 종말로 끝내지 않는다. 무덤이 "알 하나 낳고 싶"어 하는 것은 죽음이

또 다른 '되기'와 생성으로 이어짐을 의미한다. "참을 수 없이" 불러오는 "배"는 임신(생성)의 이미지이며 "항아리"의 생김새와 정확히 일치한다. 이경교 시인은 이렇게 끝없이 이어지는 주름과 단자들의 둠벙(죽음 혹은 유목민들의 고원)과 그것을 넘어 계속되는 시간의 움직임에 주목한다.

> 저 울퉁불퉁한 우주 한 모퉁이,
> 허공은 결을 이룬 주름살이지
> 물결은 그걸 본떠 굽이굽이 출렁이지
> 그 출렁임 위에 길 잃은 구름을 심어놓기도 하지
> 그때쯤 잎새 위에도 주름이 돋아나지
>
> 당신의 말은 내 귓밥 오목한 둔덕을 넘다가 넘어지지
> 잎맥의 문턱이 자꾸 발을 거는가,
> 내가 흩어진 낱말들 긁어모을 때
> 당신의 말은 잎새 위에서 미끄러지지
>
> 공기가 머물다 흩어질 때마다 몇 개의 빗금이 그어지고
> 우리는 그걸 대화라고 부르지
>
> 우리 만난 뒤 우리를 베끼는 저 흔적들, 세월을 복사하며
> 새겨지는 주름살들

이제 무엇이 남나, 우리가 지나간 뒤 남겨지는 발자국들
발자국 소리에 쿵쿵, 지층이 주름지고 그걸 흉내 내는
옷자락의 구김들

먼 평원 위엔 봉분 하나 또 솟아나지
쭈글쭈글한 얼굴의 아이 하나 태어나지
—「주름」 전문

  제목에서도 드러나지만 이 작품은 이 시집의 콘텐츠를 요약해놓은 것처럼 일목요연하게 이경교의 사유를 보여준다. 그는 세계의 본질을 "주름살"과 "물결"로 읽고 있고, 그것들이 시간("세월")의 긴 캔버스 위에 수많은 단자들의 "발자국들"로 기록되며, 그것의 종말은 유목의 인생들이 살다 간 "먼 평원" 위의 "봉분"이라고 말한다. 문제는 바로 그 봉분에서 다시 주름투성이의 "쭈글쭈글한 얼굴의 아이 하나"가 다시 태어난다는 것이다. 그리하여 그에게 허공은 단자들의 개체적 삶이 마감되는 "둠벙"이자, 탈영토의 유목 담론이 잠시 머무는 고원(高原)이며, 주름의 영원한 생성과 되기가 다시 시작되는 자리이다. 그의 시들은 철학적 원거리(遠距離)에서 이것들을 담담히 그려낸다.

이 도서의 국립중앙도서관 출판시도서목록(CIP)은 서지정보유통지원시스템 홈페이지
(http://seoji.nl.go.kr)와 국가자료공동목록시스템(http://www.nl.go.kr/kolisnet)에서
이용하실 수 있습니다.(CIP제어번호: CIP2019042419)

시인동네 시인선 114
장미도 월식을 아는가
ⓒ이경교

초판 1쇄 인쇄　2019년 11월 4일
초판 1쇄 발행　2019년 11월 11일
　　지은이　이경교
　　펴낸이　고영
　책임편집　서윤후
　　디자인　헤이존
　　펴낸곳　문학의전당
　　출판등록　제2017-000002호
　　　　주소　서울시 마포구 마포대로 11길 91, 3층
　　　　전화　02-852-1977　팩스　02-852-1978
　　전자우편　sbpoem@naver.com

　　　ISBN　979-11-5896-438-2　03810

*이 책의 판권은 지은이와 문학의전당에 있습니다.
*양측의 서면 동의 없는 무단 전재 및 복제를 금합니다.
*잘못 만들어진 책은 바꿔드립니다.